LIBERATI DAI PENSIERI

Controlla i tuoi pensieri per sentirti subito meglio.

Semplici strategie per principianti per ottenere straordinari risultati sul lavoro e nella vita personale!

EDWARD BOLD

Dedico questo libro a tutti coloro che non hanno ancora sviluppato l'attenzione necessaria a rendersi conto che non stanno vivendo la loro vita, perché la stanno trascorrendo rivedendo il loro passato e immaginando il loro futuro

INDICE

RINGRAZIAMENTI

Ringrazio lo sconosciuto che mi ha ispirato questo libro quando, durante una passeggiata in montagna, ci siamo stranamente trovati d'accordo circa cosa significasse "migliorare il pensare"

AVVERTENZA

Questo libro deve essere considerato un romanzo e il suo contenuto non può essere inteso in alcun modo come consiglio terapeutico in quanto l'autore non possiede titolo legalmente valido per suggerire terapie.

L'autore declina quindi ogni responsabilità per l'uso autogestito dell'informazione scientifica contenuta in questo testo e, per legge, invita a consultare il proprio medico prima di intraprendere qualsiasi iniziativa conseguente alla lettura di questo libro.

INTRODUZIONE

Quel tratto di sentiero era particolarmente ripido e chi lo aveva tracciato se ne era reso conto, al punto da decidere di allestire una sorta di piccola zona di ristoro sull'altopiano sovrastante. Da dove mi trovavo ancora non potevo saperlo, ma a pochi minuti avrei potuto prendermi una pausa, comodamente seduto su un paio di tronchi disposti orizzontalmente e modellati a forma di panche.

Fui sorpreso di trovare qualcuno già lì. Non c'era ragione per esserlo, ma il fatto di non aver ancora incontrato nessuno mi aveva fatto ingenuamente credere di esser l'unico a passeggiare in quella vallata.

"Non pensavo qualcuno si fosse messo in cammino prima di me" apostrofai, cercando di instaurare un dialogo di cortesia.

"Era ancora buio" potei sentire, perché ormai mi trovavo a fianco a lui.

Il suo sussurrare la risposta mi fece pensare di averlo infastidito e mi pentii in silenzio del mio approccio.

Aprii lo zaino cercando la borraccia e la tavoletta di cioccolato. Mi osservavo nella mia gestualità, quasi l'imbarazzo mi imponesse di misurare qualsiasi altra cosa avessi fatto o detto.

Sopportai quella situazione per un paio di lunghissimi minuti e mi rialzai per mettermi in cammino, senza aver deciso se salutare o meno.

"Devo essere malato, non riesco a godere la bellezza di questa natura. Continuo a ripensare al mio passato e a immaginare il mio futuro".

"Credo capiti a tutti" risposi, senza che mi avesse domandato nulla.

MIGLIORARE IL PENSARE

I buddisti meglio di tanti altri, hanno notato come il cervello umano abbia l'atteggiamento che osserviamo nelle scimmie: al pari dell'animale che vediamo saltare da un ramo all'altro, la nostra mente passa velocemente da pensiero a pensiero, rivivendo con la memoria vissuti passati e anticipando con la fantasia futuri potenziali. Inoltre tendiamo pessimisticamente a rivedere esperienze che giudichiamo negative, piuttosto che immaginare i peggiori scenari per il nostro avvenire.

Evidentemente la natura vuole farci rivedere i nostri errori per studiare comportamenti più appropriati per il futuro, ma anche prepararci al peggio in modo che possiamo elaborare le migliori strategie per fronteggiare anche questo caso.

Tutto questo sarà quindi anche estremamente utile in termini di sopravvivenza ma l'uomo, a differenza degli altri animali, si rende conto che "pensare troppo fa male". Soprattutto fa male pensare in balìa della propria stessa mente, senza cioè poter scegliere cosa pensare.

Questo è l'over-thinking: definito come "pensare troppo", è appunto più tecnicamente un "pensare incontrollato" che, proprio per questo, è dannoso.

Ne segue che una delle cose più immediate che possiamo fare per il benessere personale sia "migliorare il nostro pensare", adottando strategie utili a evitare che il pensiero rimbalzi qua e là fuori dal nostro controllo.

Nella prima parte di questo testo di auto-aiuto vengono delineate concettualmente queste strategie, per poi essere riprese nella seconda parte per mezzo di un elenco che invita a metterle in pratica, rivolgendosi al lettore in prima persona.

PARTE 1

Ancora Shakespeare, in Romeo e Giulietta, scriveva "insegnami a scordarmi di pensare", ma sembra che il problema dell'over-thinking sia particolarmente sentito soprattutto nella società moderna, al punto che Susan Nolen-Hoeksema, a capo del Dipartimento di Psicologia presso l'Università di Yale, afferma: "Il mondo sta soffrendo un'epidemica eccessività di pensiero".

In effetti però il problema non è banalmente il "pensare troppo". Come si diceva, è più che altro il "pensare inutilmente". Infatti, citando ancora la ricercatrice, l'over-thinking è "la tendenza a rispondere a un disagio focalizzandosi sulle cause e sulle conseguenze dei propri problemi, senza intraprendere nessuna azione di problem-solving concreto".

Questo spiega perché il problema sia soprattutto femminile: le donne affrontano la vita emotiva e i disagi quotidiani con una prospettiva meno orientata alla soluzione dei problemi, che rimane invece una caratteristica spiccatamente maschile.

Comunque tutti gli intervistati, indipendentemente dal sesso, riconoscono di pensare in maniera continuativa e ripetitiva agli stessi argomenti, prevalentemente lavoro e famiglia, e manifestano tutti quegli atteggiamenti di uno schema mentale non in equilibrio: difficoltà di concentrazione, stress, non trovarsi a proprio agio nel silenzio, bisogno di tenere la radio o la TV accesa in sottofondo e controllo compulsivo dello smartphone.

Affinare il funzionamento del cervello, facilitando nuovi modi di pensare e reagire all'ambiente circostante, può migliorare sensibilmente la qualità della vita e ridurre il "troppo pensare" è la prima cosa a cui fare attenzione per muoversi in questa direzione.

LE CAUSE DEL "PENSAR TROPPO"

Si stima che ognuno di noi faccia 50.000-60.000 pensieri ogni giorno, ma dovremmo innanzitutto chiederci quali siano utili, quali necessari ed, in ultima analisi, persino quali siano veri.

Dobbiamo infatti distinguere tra un pensare in maniera costruttiva, finalizzato a vivere al meglio l'ambiente che abitiamo, e la ruminazione mentale che, secondo la psicologa Roberta Cassuti, è "una modalità di pensiero basata sulla valutazione negativa di se stessi e degli episodi passati della propria vita tale da impedire di avere comportamenti attivi e sani e, di conseguenza, di trovare una soluzione al presentarsi di un problema reale".

L'auto-riflessione può infatti avere una funzione costruttiva, tuttavia spesso accade di instaurare solo una situazione di disagio perché concentrata esclusivamente sulle cause e sugli effetti, senza cioè alcuna utilità pratica.

I momenti in cui è più facile cadere vittima dell'over-thinking sono infatti proprio quelli durante i quali non siamo sollecitati a cercare la soluzione a un problema, tipicamente quando siamo alla guida, o sotto la doccia o magari ci stiamo asciugando i capelli.

Ma perché finiamo travolti dalle acque di questo fiume incontrollato di pensieri apparentemente impossibili da arginare?

Pensiamo troppo perché ci manca la visione d'insieme e siamo confusi dai dettagli. Quindi finiamo con il ripetere una continua analisi dello scenario peggiore possibile, perché ci percepiamo in pericolo.

Questo ci fa capire come l'over-thinking sia una piaga dell'età moderna, legata all'insicurezza e alla confusione che la stessa società ha creato, bombardando i singoli individui con quelle informazioni e quegli schemi precostituiti, caratteristici di un sensazionalismo giornalistico negativo.

Con ogni probabilità l'uomo medioevale era ben più ancorato alla sua quotidianità e la sua testa non si perdeva dietro ai pensieri.

È TUTTO NORMALE

Nonostante la vita moderna abbia sicuramente reso più frequente l'over-thinking, deve esser chiaro che è un fenomeno assolutamente normale, dal momento che è semplice conseguenza del modo in cui funziona la mente umana.

Il nostro calzolaio del primo medioevo, intento a cucire i calzari di qualche nobile cavaliere, rimuginava spesso su quello che aveva fatto il giorno prima e si preoccupava dell'indomani, semplicemente però il telegiornale non sollecitava in lui apocalittici scenari di economia mondiale. Il suo mondo era circoscritto al villaggio nel quale viveva e le sue preoccupazioni limitate di conseguenza.

Dicevamo che è normale per la mente dell'uomo sviluppare pensieri associativi, perché l'associazione è la modalità con la quale procede il pensare, ma lo stato di confusione caratteristico del "pensar troppo" è conseguenza del fatto che non si è sufficientemente centrati e organizzati mentalmente.

Non bisogna guarire da una malattia, ma trovare un maggior equilibrio interiore.

Tecnicamente dobbiamo osservare che siamo di fronte a una degenerazione del pensiero analitico e dell'atteggiamento orientato alla soluzione dei problemi a cui sono propensi più gli uomini che le donne, motivo per cui queste ultime ne sono più soggette: meno ancorate al risolvere, fantasticano più facilmente preoccupandosi dell'avvenire.

Inoltre i ricercatori hanno notato che il problema si manifesta soprattutto tra i perfezionisti, inevitabilmente propensi a immaginare come si sarebbe potuto migliorare quello che hanno fatto e a come comportarsi al meglio per il futuro.

Anche i depressi e chi ha poca memoria sembra siano persone più propense a perdersi dietro ai pensieri. Almeno così dicono i ricercatori della Collage University di Londra che hanno osservato in questi soggetti anche un maggior numero di cellule della corteccia pre-frontale. Questa caratteristica fisiologica, per quanto li agevolerebbe nel pensiero analitico, sembra abbia come potenziale conseguenza anche la degenerazione dello stesso.

Dal punto di vista delle medicina tradizionale cinese, questo fenomeno è invece attribuito a individui con caratteristiche materiali e spirituali che evidenziano una prevalenza dell'elemento terra, a causa della loro spontanea predominanza nelle attività legate al complesso energetico di stomaco, milza e pancreas: quando questi organi non si trovano nel corretto equilibrio, scatenano ansia, preoccupazione e una sfrenata attività di pensiero.

CONSEGUENZE NEFASTE

Per quanto nel capitolo precedente si sia evidenziato come l'over-thinking sia un fenomeno assolutamente normale per come è strutturato il modo di pensare dell'essere umano, ciò non toglie che sia un atteggiamento dalle conseguenze decisamente nefaste sulla qualità della vita.

Succede infatti che uno spunto qualsiasi ci trascini in una spirale di pensieri negativi che finisce con il rubarci gioia ed entusiasmo.

Di fatto bisogna riconoscere che è un problema in se stesso: si perde la propria vita, pensando alla vita stessa!

La si perde innanzitutto perché non ci si presta attenzione e senza quest'ultima la vita non viene vissuta: non si sta facendo una passeggiata in un bosco se non si gode nulla della natura tutt'attorno perché si sta ripensando a come si è strutturato il discorso che si dovrà fare in azienda l'indomani, piuttosto che si sta immaginando come ci si vestirà per l'occasione. Probabilmente l'inconscio beneficia ugualmente di tutti gli stimoli sensoriali dell'ambiente, ma non accorgersene fa perdere gran parte dell'esperienza.

Con la premessa poi che il "pensar troppo" ruoti prevalentemente intorno a potenziali scenari negativi, è facile immaginare come privi di alcuni possibili futuri, che potrebbero seguire ad esempio al conoscere nuove persone, e sia causa di ansia, attacchi di panico, depressione e irritabilità.

Conseguente allo stato depressivo, non devono poi sorprendere l'uso di alcol e droghe in genere.

CAPITOLO 1

IL POTERE DELLA PERSONALITÀ

Sviluppare una personalità ben strutturata è un elemento chiave per ridurre l'over-thinking.

Infatti vivere in pace con se stessi aiuta a limitare questo atteggiamento mentale depotenziante comune un po' a tutti. Vediamo come intervenire attivamente sulle diverse sfaccettature della personalità.

ACCETTARE L'OVER-THINKING E SE STESSI

Occorre accettare molto serenamente che questa problematica non solo esista, ma sia comune a tutto il genere umano.

È un atteggiamento legato al desiderio di avere controllo su tutto, che può essere superato accettando la possibilità di commettere degli errori e che la vita non sia perfetta come si vorrebbe.

Potrebbe essere utile sviluppare la consapevolezza, confermata dall'esperienza, che rimuginandoci sopra le cose non si risolvano, ma si stia sempre peggio.

Si è inoltre dimostrato efficace non limitarsi ad accettare ciò che si trova all'esterno, ma rivolgere l'attenzione anche verso se stessi e le proprie emozioni, perdonandosi gli errori. Questa sorta di assoluzione per quanto si è commesso evita infatti di rivivere continuamente il film del passato di cui si è i colpevoli protagonisti.

Di fatto occorre sviluppare uno stato mentale che affianchi il perdono verso se stessi alla gratitudine verso gli altri, perché questi due sentimenti sono in grado di ribaltare completamente la spirale depotenziante nella quale finiamo tanto facilmente.

DOMINARE LE EMOZIONI

Tendiamo tutti a subire le emozioni che proviamo, tendendo a identificarle con noi stessi.

Una buona tecnica per prendere distanza dalle nostre emozioni è chiedersene il motivo e provare a scriverlo: rileggendo il foglio, saremo in qualche modo "osservatori" di quello che poco prima ci travolgeva.

RESPONSABILIZZARSI

Sentirsi responsabili e in controllo di qualsiasi situazione è il metodo più efficace per poterne uscire a proprio piacimento.

Credere in luoghi comuni quali "l'economia va male" oppure "non piaccio alla gente", significa invece mettersi nella posizione di colui al quale le cose "capitano" e che quindi non ha la possibilità di creare nulla.

Una persona che sceglie di essere responsabile approccia agli eventi della vita affermando sicuro di sé: "Mi sono fatto capitare questa cosa che sicuramente mi servirà e posso comunque cambiarla quando voglio!".

PROMUOVERE L'AUTOSTIMA

Ovviamente una grande personalità è dotata di una spiccata autostima e conosce il valore di svilupparla nel tempo, gratificandosi con i successi che consegue nel corso della vita.

Una persona con queste caratteristiche pianifica il

proprio futuro in maniera sana, senza finire preda dell'infinito ricorrere del "pensar troppo".

Di fatto, forse un poco esagerando, si sente indistruttibile e pronto ad affrontare qualsiasi cosa.

ESSERE POSITIVO

Un proverbio spiega che non impariamo da quello che ci è accaduto, ma da come abbiamo saputo reagire a quanto ci è accaduto.

È proprio la nostra reazione a evidenziare la differenza tra pensare positivo ed essere positivo: la fede con la quale reagiamo all'evento fa la differenza tra mettersi definitivamente in pace con quanto abbiamo vissuto e prepararsi invece e riviverlo mille volte nella nostra testa!

TRATTARSI BENE

Vivere la propria esistenza significa anche coccolarsi e riservarsi sempre un occhio di riguardo.

La propensione al "pensar troppo", come qualsiasi altra abitudine ben radicata, non è facile da superare e trattarsi gentilmente mentre ci si sta lavorando è di estrema importanza.

CAPITOLO 2

IL POTERE DELLA RAZIONALITÀ

L'essere umano è l'unica specie animale alla quale si riconosce il raziocinio e, per questa ragione, si ritiene l'intelligenza una caratteristica qualificante il valore di una persona.

Vediamo quindi alcune tecniche utili a ridurre razionalmente l'over-thinking.

AFFRONTARE LOGICAMENTE IL PROBLEMA

Sono due le cause per le quali i pensieri si ingigantiscono e riecheggiano nella nostra testa: l'umana tendenza ad "avere un problema" (e quindi preoccuparsi per una sciocchezza nel caso non si abbia nulla di più grave a cui prestare attenzione) e l'altrettanto umano dipendere emotivamente dal giudizio degli altri. Entrambe le cose devono essere affrontare con la ragione.

Molte volte è sufficiente rendersi conto che si sta guardando il mucchietto di terra fatto da una talpa nel proprio giardino come se fosse una montagna, semplicemente perché non si hanno problemi più seri. Di fatto il 95% di quello che si teme non accadrà mai!

Tutti i filosofi della storia hanno notato che l'uomo tende a crearsi da solo piccoli drammi personali, dando significato a cose che intrinsecamente non ne hanno.

Bisogna sempre domandarsi quanto il pensiero che oggi non riusciamo a toglierci dalla testa si rivelerà importante sul lungo termine, in modo da autolimitarsi a quello che conta veramente.

È anche poi utile ripetersi quanto si è intuito cominciando la frase con le parole "La verità è che…", in modo da ridimensionare l'ombra alla reale statura di chi l'ha proiettata.

Per quanto riguarda invece il giudizio altrui, la ragione insegna a rilassarsi perché gli altri non stanno quasi mai pensando a noi, ma molto probabilmente stanno rimuginando sui loro problemi.

Di fatto, l'invito della logica è basare i propri

pensieri esclusivamente sui fatti e non sulle supposizioni.

FARE A PEZZI IL PROBLEMA

Gran parte della confusione che si vuole eliminare nel momento in cui si decide di migliorare il proprio modo di pensare deriva dal fatto che si percepisce il problema nel suo insieme e questo non consente di affrontarlo.

L'invito è quindi a suddividere mentalmente in pezzi ciò a cui si pensa, in modo che queste parti possano essere affrontate singolarmente e in sequenza, con l'impegno quotidiano a valutare i progressi del proprio lavoro.

Si precisa che i singoli pezzi non sono i dettagli del problema, perché proprio su questi ci si perde quando si "pensa troppo"! Diversamente, un procedere corretto in questo "suddividere" potrebbe essere quello di cominciare con il chiedersi quale sia lo scopo del pensiero ricorrente, poi quali le conseguenze di pensare a quel modo e infine quali le azioni che quel pensiero spinge a fare.

Come ultima nota si precisa di evitare di imbarcarsi

in questa analisi speculative nel tardo pomeriggio o in serata perché non la stanchezza mentale caratteristica di quell'ora della giornata non consentirebbe di conseguire i risultati sperati.

CERCARE L'ELEMENTO SCATENANTE

Un altro approccio molto utile per superare l'overthinking è cercarne l'elemento scatenante.

Molto spesso infatti il chiacchiericcio mentale si origina per qualcosa che è spesso sotto i nostri occhi, come potrebbe essere ad esempio un mucchio di posta inevasa.

È quindi importante osservare se qualcosa nell'ambiente che abitiamo ripresenta periodicamente l'occasione per innescare il problema e agire per rimuovere questa causa.

RACCONTARSI QUELLO A CUI SI PENSA

Anche raccontarsi ad alta voce i propri pensieri ricorrenti offre l'opportunità di ridicolizzarli agli occhi della propria razionalità: è molto facile che appaiano sensibilmente più piccoli di quanto sembrino quando riecheggiano in testa.

CAPITOLO 3

IL POTERE DELL'AZIONE

In questo capitolo tratteremo di come facilitare il successo nel superare l'over-thinking per mezzo di alcuni cambiamenti virtuosi nello stile di vita.

In particolare è dimostrata l'efficacia di creare nuove abitudini, soprattutto legate all'azione, tanto nell'attività fisica quanto nell'alimentazione.

CREARE NUOVE ABITUDINI

Per non essere vittima di pensieri incontrollati è utile acquisire il controllo dei propri pensieri attraverso il volontario instaurare di nuove abitudini.

È un modo di rimodellare la propria mente attraverso due differenti categorie di abitudini: quelle atte a sviluppare dei meccanismi pratici che rendano la vita più semplice e quelle finalizzate a godere il momento presente.

Un esempio della prima categoria è concordare con tutti i membri della famiglia dove riporre le chiavi dell'auto dopo averla usata: prendere l'abitudine di appenderle ad un gancio, collocato magari dietro alla porta di ingresso, è una procedura funzionale che libera una piccola parte della mente di tutti.

Diversamente la seconda categoria contiene tutte le nuove abitudini che possono essere instaurate con il solo fine di apprezzare la vita nel suo svolgimento. Sono quelle cose che potrebbero sembrare inutili, come ricordarsi di ammirare il tramonto ogni sera o porre tutta la propria attenzione al gusto e alla consistenza del cibo nell'atto di masticare, ma che si dimostreranno utilissime per liberare la mente.

SOSTITUIRE IL PENSARE CON L'AGIRE

Se l'over-thinking non è né creativo, né divertente, non c'è alcuna ragione per indugiarvi.

Deve essere invece subito sostituito con l'azione: fare le cose, anziché pensare e ripensare ai dettagli.

È quello che suggerisce la Nike quando leggiamo il

suo slogan "Just do it": l'azione contiene in se stessa quel movimento necessario a sbloccare il pensiero.

Questo non deve sorprendere, dal momento che è semplice conseguenza del fatto che è stato proprio il troppo pensare ad aver bloccato l'agire.

FARE ESERCIZIO FISICO

Il movimento del proprio corpo è l'azione che influisce più direttamente sullo stato d'animo e sul pensiero e quindi occorre riservargli una particolare attenzione.

Questo perché le endorfine prodotte durante l'attività fisica creano euforia rallentando l'over-thinking e perché la situazione di stress a cui è sottoposto il corpo durante lo sport sottrae attenzione al pensare: se manca il fiato difficilmente sarà possibile inseguire i pensieri nella propria testa!

Qualsiasi movimento del corpo, anche solo giocare o passeggiare, disinnesca la spirale che conduce alla depressione e, in particolare, tutto quanto coinvolge in maniera significativa la respirazione è un vero antidoto al pensiero incontrollato.

MANGIARE BENE

Anche adottare un regime alimentare sano porta a straordinari risultati in termini di lucidità mentale.

In generale occorre preferire il cibo crudo o quantomeno non troppo lavorato, perché più facilmente digeribile.

In effetti il transito intestinale del cibo influenza significativamente il nostro pensiero perché il microbioma, la flora batterica che lo abita e che si sviluppa a conseguenza degli alimenti che preferiamo, determina quello che pensiamo e desideriamo.

Questo è il motivo per il quale ci si riferisce spesso all'intestino come a un secondo cervello: potremmo dire che i microorganismi che ospitiamo "pensino per noi" senza che ce ne rendiamo conto.

Anche bere molta acqua facilita la digestione perché diluisce la tossicità di quello che abbiamo mangiato ed è quindi un ottimo antidoto al "pensar troppo", al pari del consumo di una gran quantità di frutta e verdura fresca, molto idratante e altrettanto ricca di fitonutrienti che stimolano il buon umore.

CAPITOLO 4

IL POTERE DELLA PACE INTERIORE

L'over-thinking è un nuovo nome per qualcosa che l'uomo conosce fin dall'antichità e che ha da sempre affrontato con diverse pratiche.

RITORNARE AL PRESENTE

Quando si "pensa troppo" ci si allontana dal momento presente nella direzione di accadimenti passati o futuri, sviluppando solitamente preoccupazioni e pensieri negativi.

Tutto ruota attorno alla domanda "Cosa se…?" e la successiva interminabile analisi di passato e futuro.

Questo atteggiamento è facilmente comprensibile ricordandosi che il cervello umano lavora per associazioni e che queste ultime sono rappresentate biologicamente dalle connessioni neurali: man mano che l'individuo cresce, il numero di queste connessioni aumenta, sviluppando un'inevitabile predisposizione al pensiero associativo e al conseguente over-thinking.

"Ritornare al presente" è quindi una pratica da mettere in atto consapevolmente, attraverso l'attenzione cosciente, perché il cervello umano tende naturalmente ad allontanarsi dal momento che sta vivendo.

Lo si può fare ancorando il proprio focus ai dettagli dell'ambiente con il quale sta interagendo e costringendosi a rimanere lì, almeno fino a quando anche per questo non si sia sviluppata un'abitudine.

FARE MEDITAZIONE O YOGA

Tutte le diverse pratiche meditative hanno come primo obiettivo questa attenzione al presente che vogliamo sviluppare e offrono tecniche specifiche per raggiungere questa meta.

Ne esistono moltissime, ma tutte insegnano a svuotare la mente: non è necessario assumere la Posizione del Loto o rivolgere orazioni a Buddha, quanto rinunciare per un poco a tutta quella quotidianità che ci trattiene nel turbinio del pensare.

Molte volte è sufficiente creare un luogo dedicato al quale recarsi con regolarità a un determinato orario, per entrare in uno stato mentale favorevole alla concentrazione e dimenticare i pensieri di tutti i giorni.

Tecniche più specifiche agevolano poi il conseguimento di questo obiettivo, magari fissando l'ipnotica fiamma di una candela ma, in ogni caso, bisogna prevedere il tempo necessario ad impratichirsi prima di raccogliere i frutti del proprio impegno.

Tra gli autori preferiti dal pubblico sul tema della meditazione spicca Eckhart Tolle e tra le tecniche quelle che invitano a chiudere gli occhi e rivolgere l'attenzione al respiro e alle sensazioni corporee della propria muscolatura.

Lo yoga combina poi i vantaggi della meditazione e di una sorta di ginnastica posturale quasi statica, in grado di interagire profondamente con i meccanismi del pensiero, regalando straordinari benefici già dopo le prime ore di lezione. Non tutti si scoprono inclini allo yoga, ma è sicuramente da provare.

ABBANDONARSI A DIO

Adagiarsi mentalmente nel presupposto che Dio si compiaccia degli atteggiamenti di tutti i suoi figli, fatti a sua immagine e somiglianza, è una forma di abbandono che garantisce la tranquillità necessaria per non cadere vittima del pensare continuativo ed incontrollato.

Questo atteggiamento è estremamente funzionale perché rilascia quel desiderio di controllo sul mondo che è alla base dell'over-thinking.

CAPITOLO 5

STRATEGIE UTILI

In questo capitolo verranno descritte alcune strategie riconosciute utili per gestire il susseguirsi incontrollato di pensieri nella mente e per poter condurre di conseguenza una vita più equilibrata.

Sono semplici tecniche in grado di raggiungere un obiettivo che sarà anche in grado di ridurre il livello di stress quotidiano.

In definitiva insegnano a gestire l'ansia riconoscendo cosa la scatena, rimanere nel presente concentrandosi su quello che si sta facendo e fare yoga, piuttosto che anche solo assumere una postura che mostri una maggior sicurezza di sé.

Sono suggerimenti che si sono dimostrati utili a un gran numero di persone, elencati affinché il lettore possa farne esperienza per scoprire quelli più in sintonia con il proprio modo d'essere. Per alcune persone potrebbe invece persino dimostrarsi più efficace imparare a ridere e sorridere più spesso, piuttosto che semplicemente sgravarsi di noiose attività quotidiane, imparando a delegarle ad altri.

ESSERE ALTRUISTI

Dal momento che l'over-thinking è originato da un pensiero estremamente focalizzato, è utile spostare la propria attenzione su qualcosa il più possibile lontano dal pensare analitico e calcolatore che lo caratterizza.

In tal senso, concentrarsi sul far felici gli altri è straordinariamente efficace perché slega dalle dinamiche che innescano, ma soprattutto mantengono, il continuo ruminare pensieri alla ricerca di quel "meglio" che spesso coincide con il proprio interesse.

CREARE FALSI RICORDI

Quando ci si trova invischiati nel ripensare ossessivamente al passato, solitamente si ripercorrono mentalmente i vissuti che non sono stati come si sarebbe voluto.

Dal momento che vi ci si ripensa proprio perché non si è contenti di come sono andate le cose, una buona idea è "modificare il passato", creare cioè un falso ricordo al posto di quello reale.

Se un colloquio di lavoro è andato male perché non si è stati in grado di soddisfare le aspettative dell'interlocutore con le proprie risposte, si può rivivere mentalmente l'esperienza immaginando sia stato un successo e si sia comunque rifiutato quel posto di lavoro per scelta personale: ripercorre il ricordo modificandolo a proprio piacimento, offre la possibilità di svuotarlo della sua negatività al punto da non essere più bersaglio di un pensiero insistente.

SCRIVERE I PROPRI PENSIERI RICORRENTI

Scrivere il pensiero che si ripresenta con insistenza è un modo per liberarsene perché consente di osservarlo criticamente, dal momento che si è creata distanza tra sé e il pensiero stesso: non è più nella testa, ma su un foglio là fuori!

Si è data una realtà e una consistenza circoscritta a quello che era un pensiero indefinito, ma soprattutto lo si è collocato dove non tende più ad associarsi a nulla.

La strategia è semplicissima: bisogna scrivere il pensiero ricorrente con la sola accortezza di descriverlo con le tinte più cupe, in modo da togliersi dalla testa proprio lo scenario peggiore possibile. Qualsiasi altro pensiero legato alla stessa situazione non avrà motivo di preoccupare, proprio perché sembrerà nulla a confronto.

Questa tecnica può essere anche trasformata in un appuntamento giornaliero dedicato alla salute mentale: ogni sera, ad un orario prestabilito, ci si prende l'impegno di scrivere un diario degli avvenimenti della giornata, completi di tutti i dati sensoriali percepiti, nonché degli obiettivi futuri. Questo esercizio ricambia l'impegno che richiede con una maggior attenzione alla scorrere della propria vita, che si traduce immediatamente in un incremento della lucidità mentale e, in ultima analisi, in una ridotta propensione all'over-thinking.

IL MIND MAPPING

Un'altra strategia per prendere le distanze da quello

che si ha nella testa consiste nel riprodurre, sempre su carta, la mappa mentale dei propri pensieri esattamente nella maniera associativa con la quale prende forma.

Sulla carta ogni pensiero viene rappresentato da un cerchio con all'interno poche parole che lo descrivono. Si comincia dal primo pensiero ricorrente che viene in mente e lo si colloca al centro di un foglio, quindi lo si collega ad altri cerchi contenenti i pensieri che sorgono immediatamente per libera associazione. E così via.

Dopo un po' ci si ritroverà con un disegno, costituito da parecchi cerchi contenenti parole e collegati tra loro, che rappresenta appunto tutto quello a cui si pensa confusamente. Sembra inoltre che utilizzare colori diversi per i diversi cerchi rallenti anche il flusso delle idee in maniera benefica.

In definitiva il foglio finale riflette il pensiero, ma soprattutto il modo di pensare, di chi lo ha disegnato e appenderlo su un muro e osservarlo camminando nella stanza è un'ottima idea per prendere ulteriormente le distanze da ciò che infastidiva: sono incredibili i risultati che si possono conseguire con qualcosa di tanto semplice!

LA TECNICA DELLA SEDIA VUOTA

Nell'over-thinking bisogna distinguere due problemi distinti: crediamo di essere i nostri pensieri e crediamo che i nostri pensieri rappresentino la realtà. Nessuna di queste due affermazioni è vera.

In particolare, pensare non significa rappresentare la realtà, è piuttosto un'attività legata alla sua interpretazione e organizzazione, attraverso la creazione di categorie finalizzate all'azione.

Per "spiegare a noi stessi" tutto questo è utile immaginarsi nella sedia vuota di fronte a noi e dialogare facendo un'analisi oggettiva della situazione come se ci rivolgessimo a un'altra persona.

CERCARE SUPPORTO NEGLI ALTRI

Chi "pensa troppo" ha la malsana abitudine di voler creare almeno 3 piani di riserva per ogni situazione.

A volte è sufficiente chiedere a una persona di fiducia cosa farebbe se avesse quel determinato problema, per rendersi conto che è tutto molto più semplice e non occorre sviluppare mentalmente tanti possibili scenari e affrontarne tutti i potenziali sviluppi.

Questo supporto può esser richiesto anche ad un terapista, con l'indiscutibile vantaggio di relazionarsi con una persona che dispone delle competenze necessarie per gestire al meglio richieste e dubbi.

CAPITOLO 6

CONCLUSIONI

Pensare qualifica l'essere umano, ma pensare troppo ed in maniera compulsiva può compromettere la qualità della vita e rivelarsi qualcosa da affrontare per tutelare il proprio benessere sul lungo termine.

Riassunto in poche parole, l'invito è ad abbandonare i preconcetti ma soprattutto gli schemi mentali, per poter amare ciò che si è, ciò che si fa e la straordinaria capacità di migliorare se stessi; ma soprattutto amare la stessa precisa volontà di intraprendere attivamente un cammino in questa direzione.

PARTE 2

Questa seconda parte del libro elenca alcune strategie quotidiane utili a smettere di "pensare troppo".

Ci si rivolge direttamente al lettore con l'intento di smuoverlo da una situazione che riconosce solo parzialmente, perché radicata nel suo modo di essere e con la quale identifica la sua personalità.

Il testo è strutturato in brevi capitoli che affrontano singole tematiche, il modo da potercisi confrontare ritornando sui singoli passaggi e indugiando a necessità.

AMMETTI DI AVERE UN PROBLEMA

Il primo passo verso la guarigione è sempre quello durante il quale riconosci l'esistenza della malattia, è una sorta di diagnosi senza la quale non ti sarà possibile cominciare il cammino. Nel caso dell'over-thinking, è fondamentale che tu ammetta la confusione mentale generata dal tuo rimuginare incessantemente sugli stessi problemi e tu riconosca il fatto che questo non abbia mai condotto a una soluzione degli stessi.

In particolare il "pensare troppo" è definito come la sensazione di non riuscire ad uscire dal flusso di pensieri che ti travolge, al punto da sentirti frustrato e infelice. Probabilmente avverti anche un senso di impotenza.

Dal momento che hai sicuramente scoperto che queste sensazioni scompaiono con la stessa rapidità e spontaneità con la quale si sono presentate, potresti essere tentato di ignorarle nell'attesa di tornare a star meglio senza intraprendere una quale azione risolutiva. Questa è evidentemente un'ammissione parziale del problema perché non lo stai davvero riconoscendo come tale, nella speranza di non doverlo affrontare.

Nella logica umana, all'ammissione di avere un problema debilitante segue di necessità una qualche azione per risolverlo e questo è quello che stai già facendo leggendo questo libro, devi semplicemente avere la costanza di proseguire con determinazione.

RICONOSCI DI NON AVERNE COLPA

Non hai alcuna colpa del tuo continuo rimuginare, non è conseguenza di un qualche tuo errore comportamentale o di un difetto genetico: è una "malattia" che affligge l'intera umanità, perché il cervello umano è predisposto a pensare molto e in maniera associativa.

Inoltre, il numero delle connessioni tra i tuoi neuroni cerebrali cresce con il passare degli anni e conseguentemente aumenta la propensione al pensiero associativo e quindi il tuo over-thinking.

Susan Nolen-Hoeksema, esperta in questo campo, precisa anche come il tuo cervello sia impostato per poter pensare lavorando una massa di informazioni dove i pensieri sono intrinsecamente tessuti insieme ai ricordi, non divisi in compartimenti stagni, e quindi sia sufficiente uno stato d'animo triste o un momento di cattivo umore per scatenare una generale negatività ramificata sull'intera ragnatela cerebrale che ti fa vedere tutto nero.

Hai un cervello progettato per funzionare in questo modo, non ne hai alcuna colpa, ma non per questo devi rinunciare a migliorare la qualità della tua vita.

RINUNCIA AL CONTROLLO E PERDONATI

Se stai leggendo questo libro probabilmente sei un maniaco del controllo, ti piace tenere in mano saldamente le redini della tua esistenza.

Nel tuo atteggiamento non c'è nulla di male, ma non è questo il caso. Stavolta devi imparare ad arrenderti: la vita non è come avevi previsto, né vivrai ciò che ti eri immaginato. Ma anche in questo non c'è nulla di male.

La stessa capacità di sorprenderti della vita che ti elettrizzava da giovane, ha oggi lasciato spazio ad un maggior bisogno di sicurezza, mescolato a preoccupazioni allora sconosciute, ed è questo in ultima analisi ad aver sviluppato in te il bisogno di tenere tutto sotto controllo.

Nessuno pretende che tu rinunci a un atteggiamento che ti infonde tranquillità, ma non esagerare. Diversamente finirai facile vittima di pensieri ripetitivi e incontrollabili nei quali manifesterai futuri scenari catastrofici, senza renderti conto che non hanno alcuna probabilità concreta di realizzarsi. E quegli stessi scenari richiederanno lo studio di un piano immaginario in reazione agli accadimenti, con tutti i dettagli necessari a metterlo in atto. E poi ti troverai a pensare anche a un altro piano di riserva, nel caso il primo fallisse. E poi si susseguiranno nuovi pensieri sviluppati per associazione… e ti ritroverai completamente assorto nell'over-thinking, mentre la vita scorre davanti ai tuoi occhi incapaci di vederla.

È chiaro? Un ragionevole bisogno di sicurezza può spiegare il tuo atteggiamento mentale; non deve però diventare un pretesto per indulgervi, quanto piuttosto uno spunto per perdonarsi di aver procrastinato sino a ora il momento in cui affrontare il problema.

MOSTRATI FELICE

Forse non ci hai mai pensato, ma hai la possibilità di controllare i tuoi pensieri.

Le paure irrazionali caratteristiche dell'overthinking ostacolano la tua evoluzione personale, ma possono essere evitate "cambiando il tuo modo di pensare".

Premetto che non ti sarà facile deviare il tuo pensiero su ciò che ti rende sereno, quando vieni assalito da angoscia e negatività. Questo succede perché è tecnicamente difficile cambiare i singoli pensieri, dal momento che sono sotto il controllo della mente inconscia.

Quindi ti suggerisco piuttosto di impegnarti a "comportarti come una persona felice": atteggiati e ostenta felicità, tutto il resto seguirà da sé.

Mi spiego. L'idea è che, se ti comporti come se fossi felice, il tuo inconscio lentamente noterà questa cosa e comincerà a crederci, modificando il tuo sistema di credenze di base e, con il tempo, svilupperà i pensieri caratteristici delle persone felici e promuoverà proprio quelle azioni che vedi solitamente fare da queste ultime.

Può sembrare incredibile, ma le credenze sottostanti al tuo comportamento possono essere riscritte forzando gli atteggiamenti che vorresti diventassero il tuo atteggiamento: questa suggerimento non è un vuoto ingannare te stesso e gli altri, ma un valido strumento per lavorare sull'inconscio.

Anche solo ricordarti di sorridere più spesso, ti fa credere a un livello profondo di essere una persona felice e ti fa sentire meglio, stimolando di conseguenza pensieri migliori e modificando progressivamente il tuo umore di base: mostrati felice e lo diventerai!

SMETTILA DI LAMENTARTI

Al tuo Ego piace moltissimo lamentarti: lo fa assumendo il ruolo dell'eterna vittima di persone e situazioni. In questo modo può giustificare qualsiasi tuo atteggiamento a conseguenza di "quello che gli hanno fatto o che gli è successo".

Purtroppo però le lamentele attraggono tanta negatività nella tua vita; non per qualche oscura dinamica esoterica, ma semplicemente perché riscrivono il tuo sistema di credenze nella direzione opposta a quella promossa nel capitolo precedente.

Devi sforzarti di cogliere la positività di ogni evento o situazione e puoi farlo sentendoti genericamente grato al mondo per quello che sei o hai. Sentirti grato ogni giorno e farne una sorta di rituale mattutino è infatti una straordinaria opportunità per superare la tendenza a lamentarti del presente e rimpiangere gli errori del passato.

RINUNCIA AL PERFEZIONISMO

La tendenza al perfezionismo è un problema perché, sul lungo termine, ti fa apparire tutto estremamente faticoso e questo ti appesantisce.

Indubbiamente ci sono persone più inclini al perfezionismo per loro natura, ma è un atteggiamento che contribuisce sempre al "pensare troppo" perché promuove l'incessante ricerca mentale di una soluzione migliore di quella già trovata: ti metti in una situazione di eterno confronto, dal quale emergi perennemente sconfitto.

Non è improbabile che il desiderio di perfezione diventi per te un pensiero ossessivo e assillante che ti impedisca di godere ciò che stai vivendo.

È giusto che tu miri all'eccellenza, ma devi anche saperti mettere in gioco serenamente perché la vita è sperimentazione ed è fondamentale saper accettare i tuoi errori: solo non facendo nulla non sbagli!

DISTRAITI

La tua mente sta andando verso i soliti pensieri? Orientala altrove, trattandola come un bambino capriccioso.

Per distrarsi è sufficiente tu rivolga la tua attenzione a quello che stai facendo e può essere una buona idea prenderti una piccola pausa per dedicarti a un'altra attività: non è necessario che tu "smetta di fare", cerca piuttosto "di fare qualcos'altro".

L'obiettivo è solo non essere assaliti da una cascata incontrollata di pensieri, non evitare di averne.

Non c'è nulla di male a osservare i pensieri come uccelli che volano sopra la tua testa, devi solo impedirgli di nidificare tra i tuoi capelli!

Un'altra bella immagine dalla quale lasciarti ispirare la dobbiamo a Deepak Chopra che ha descritto i pensieri come nubi in corsa, invitandoti a concentrarti solo sul cielo, sempre presente al di là delle nuvole.

SII DIVERSAMENTE CREATIVO

Alcuni studi rivelano che i creativi siano le persone più soggette all'over-thinking, proprio perché la loro mente ha una propensione all'attività del pensare in maniera associativa.

Se sei tra questi, è utile provare a sfogare la tua creatività in maniera diversa: meno mentale e più manuale.

Scoprirai di poter esprimere la tua creatività in maniera soddisfacente anche attraverso un'espressione artistica che contempli un aspetto manuale; ad esempio suonare uno strumento musicale, modellare la creta o dipingere, e che queste attività ti fanno sentire meglio proprio perché dirottano parte della tua energia nel mondo fisico, anziché concentrarla tutta nella tua testa.

EVADI DAGLI SCHEMI

Sono gli ambienti che frequenti quotidianamente a riproporti gli schemi mentali e i conseguenti pensieri ossessivi, dai quali vuoi liberarti.

Questo perché situazioni, immagini e suoni conosciuti scatenano l'associazione con i ricordi del passato.

La soluzione è stupire te stesso uscendo, allo stesso tempo, dai tuoi schemi mentali e da quelli comportamentali: gli schemi mentali sono i muri delle tue convinzioni nei quali hai imprigionato la naturale spontaneità della mente, gli schemi comportamentali sono le abitudini che ripeti ogni giorno.

Trarrai grande beneficio nel comportarti, ogni tanto, in maniera meno razionale: occasionalmente prendi il tram anziché la più rapida metropolitana o piuttosto vai a pranzare nel ristorante più lontano.

Il cambiamento ha un grande valore.

RESPIRA BENE

L'ossigeno è il nutrimento più importante per il tuo corpo: puoi rimanere parecchi mesi senza mangiare, alcuni giorni senza bere, ma solo pochi secondi senza respirare.

Respirare è però un'attività tanto importante quanto sottovalutata infatti, dal momento che è involontaria, sono in pochi a preoccuparsi di "respirare bene".

In particolare, una respirazione superficiale che coinvolga solo la parte superiore dei polmoni senza svuotarli completamente, può essere conseguenza del generale stato di depressione caratteristico di chi "pensa troppo": la pressione causata dai pensieri metta a dura prova anche le attività più naturali come respirare, la frustrazione fa sì che il respiro diventi affannoso.

Inoltre è vero anche l'opposto: chi respira male

aggrava il suo stato confusionale, perché riduce l'afflusso di ossigeno al cervello.

Il modo più facile a tua disposizione per sbloccare la situazione è quindi ricercare una respirazione consapevolmente profonda, nell'attesa che torni a essere un'abitudine involontaria. La respirazione ti aiuterà ad allentare la pressione e a riconnetterti con la Madre Terra.

Una buona tecnica di respirazione, in grado di ricondurre mente e corpo in uno stato di assoluto relax, consiste nel metterti sdraiato e quindi ispirare con il naso ogni due secondi, per poi espirare con la bocca, il tutto per un minimo di 10 minuti.

Questo semplice esercizio ti aiuterà a diminuire l'anidride carbonica nel sangue, con effetti benefici sul sistema surrenale e sull'ossessività del pensiero.

Il respiro è vita e, come tale, in grado di agire positivamente anche sul tuo stato mentale.

CAMMINA A TESTA ALTA

Una caratteristica postura accomuna tutte le persone perennemente afflitte da una cupe coltre di pensieri ricorrenti: mantengono lo sguardo rivolto a terra e le spalle richiuse in avanti.

Modificare volontariamente questo atteggiamento posturale si riflette sullo stato emotivo che lo ha provocato.

Una vecchia storia narra di un guaritore che consigliava di contare i corvi per guarire dai "cattivi pensieri": i suoi pazienti, forzati a guardare in alto alla ricerca degli uccelli, si sentivano subito meglio, pur senza capirne il motivo.

Se questo suggerimento può sembrarti una sciocchezza, devi sapere che stai rinunciando a uno strumento molto utile a risolvere i tuoi problemi.

PRATICA SPORT

Già gli antichi latini sostenevano "mens sana in corpore sano", riconoscendo che l'esercizio fisico è il modo migliore per scaricare ansia e negatività.

Scegliti uno sport che ti piaccia e ti faccia sentire bene, ma soprattutto praticalo frequentemente e con regolarità.

L'attività fisica stimola la produzione di benefiche endorfine e, se avrai cura di scegliere una pratica all'aperto, godrai anche dei vantaggi offerti dalla luce solare: quest'ultima ha un effetto antidepressivo che migliora l'umore, oltre a stimolare la produzione di vitamina D.

Praticare sport nella natura, rende poi l'attività ancor più benefica, perché sarai circondato da una bellezza che il tuo inconscio non mancherà di notare.

Inoltre, se oserai dedicarti a uno sport per te nuovo, potresti scoprire doti che non credevi neppure di possedere e ritrovarti in un contesto decisamente migliore dell'angusta situazione di partenza perché, oltre al corpo, avrai la mente occupata nell'iniziale fase di apprendimento dei gesti e delle logiche dell'attività sportiva che sceglierai.

PARLA DI MENO, SCRIVI DI PIÙ

Soprattutto se sei una donna, puoi esser tentato a pensare che sia utile "buttar fuori" le tue paturnie, ma in realtà raramente questo si dimostra benefico.

In particolare, parlarne con un'altra persona tendente all'over-thinking peggiorerà la situazione emotiva di entrambi, dal momento che il tuo pensiero negativo influenzerà il tuo interlocutore e viceversa, in una spirale depotenziante.

Il modo migliore per portare all'esterno i tuoi problemi è la scrittura, perché consente di fermare su carta tutto ciò che ti vortica in modo confuso nella testa: la sola azione di scrivere apporta chiarezza perché costringe ad ordinare mentalmente le cose, affrontandole implicitamente nel momento in cui si guardano.

Una lista scritta aiuta a vedere le cose nero su bianco e a prenderne completa consapevolezza.

CREA ALTERNATIVE

Il primo difetto di chi pensa troppo è rimanere chiuso nel proprio punto di vista e rinforzarlo ripensandolo ripetutamente.

Questo approccio non è assolutamente orientato a risolvere i problemi, ma solo a pensarci.

La cosa più terapeutica che puoi fare è scrivere una lista di pensieri diversi da quelli che elabori automaticamente, forzandoti di sviluppare alternative e percorsi neurali che non ti siano consueti, né familiari.

Affianca un'idea differente ai pensieri che nutri di solito, chiedendoti come potresti fare ad affrontare in maniera alternativa la situazione nella quale ti trovi.

Si tratta di reinterpretare lo slogan della Apple "Pensa diversamente" alla luce della tua capacità di creare alternative al tuo abituale approccio con la vita: a cosa penseresti se tu non fossi tu?

SII NEL MOMENTO

Quando ti perdi dietro i tuoi pensieri, di fatto ti trovi nel tuo passato o nel tuo futuro, ma non sei mai nel momento presente.

Devi ricordare invece che il qui e l'ora sono l'unica dimensione sulla quale hai potere e che puoi utilizzare per cambiare il corso della tua vita. Vivere significa pensare al presente.

Lau Tzu sosteneva che quando sei depresso stai vivendo nel passato e che quando sei ansioso sei invece nel futuro, mentre solo quando sei in pace ti trovi nel presente. Con queste parole sottolineava l'inclinazione dell'essere umano a perdersi dietro gli accadimenti di ieri e di domani, dimenticandosi che l'unico momento che può essere realmente vissuto è l'oggi, ma anche che questo continuo protrarsi verso il futuro oppure indietreggiare verso il passato rende infelici e negativi.

La meditazione può aiutarti ad acquisire quella consapevolezza che permette di vivere il presente con serenità, concentrandosi sul momento senza giudizio. Si tratta di accettare e riconoscere i tuoi pensieri per poi lasciarli andare, positivi o negativi che siano.

La vera lezione di ogni forma di meditazione è però l'auto-osservazione: imparare a diventare l'osservare esterno di se stessi.

Stai pensando troppo? Sei finito al centro del ciclone? Fermati. Respira. Poni attenzione al tipo di pensieri che fai quando cadi in questo vortice. Ti stai solo massacrando inutilmente e con accanimento, utilizzando sensazioni depotenzianti come senso di colpa e vergogna.

Fai una pausa, ma falla davvero. Dal lavoro, dai bambini, dalla tua solita vita: la sfida è cambiare abitudine. A volte basta iniziare con cinque minuti per te, il tempo per un caffè in un posto sconosciuto, un libro da sfogliare, una boccata d'aria fresca dalla finestra. Sono tutti gesti che assumono un valore immenso quando fatti con consapevolezza.

SENTITI AL POSTO GIUSTO

Quando ti preoccupi stai sostanzialmente sperando di controllare il flusso della tua vita.

Le filosofie orientali sostengono che tu abbia già scelto ciò che ti accadrà nella vita ancor prima che la tua anima si incarnasse, al fine di fare un'esperienza utile per la tua crescita. Quindi il tuo "io" cosciente deve accettare serenamente ogni accadimento perché non è casuale, ma da te precedentemente stabilito per imparare qualcosa nel corso di questa incarnazione.

Da questo punto di vista, puoi capire che è inutile cercare di cambiare lo svolgersi delle cose, perché ti stai mettendo contro a leggi universali: piuttosto che voler risolvere quelli che ti sembrano problemi, devi smetterla di considerarli tali e abbracciarli in quanto sono "la cosa più perfetta per te in questo momento".

Riconoscere il tempo e il luogo giusto per tutto quanto ti capita è innanzitutto una forma di liberazione e di pace: la convinzione che tu sia esattamente dove dovresti essere, senza preoccuparti del peso della giustizia o meno delle cose, è una forma di fiducia nella vita che viene immediatamente ricambiata con un profondo rilascio di tutta l'emotività che ti trattiene nell'over-thinking.

Ama ogni momento perché è esattamente quello di cui hai bisogno!

SCEGLI COSA CREARE

La legge di attrazione insegna che tu crei la tua realtà attirandola tramite i pensieri. Tecnicamente ciò avviene perché i simili si attraggono e tu, circondandoti con un campo magnetico impregnato dai tuoi pensieri negativi, porti nella tua vita proprio ciò che temi perché ci pensi molto spesso.

Da questo punto di vista, paura e preoccupazione non sono scudi difensivi contro i tuoi problemi, ma il modo migliore per aumentare la probabilità che ti accada proprio ciò che temi.

Diversamente, presa consapevolezza del potere dei tuoi pensieri, devi reindirizzare l'energia impegnata nell'attività del pensare: trasforma quel tarlo che ti opprime in qualcosa di diverso, oppure lascialo andare e rivolgi la tua attenzione a qualcos'altro, scegliendo di essere felice.

9 781698 081946